Carl-Auer

Paul Watzlawick

Die Lösung ist immer der beste Fehler

Typische Probleme der Kommunikation im Alltag

Dritte Auflage, 2025

Umschlaggestaltung: Heinrich Eiermann
Umschlagfoto: © Catherina Hess/Süddeutsche Zeitung Photo
Redaktion: Dr. med. Nicola Offermanns
Satz: Verlagsservice Hegele, Heiligkreuzsteinach
Printed in Germany
Druck und Bindung: CPI books GmbH, Leck

MIX
Papier | Fördert gute Waldnutzung
FSC® C083411
www.fsc.org

CPI klimaneutral
Mehr Bäume.Weniger CO_2

Dritte Auflage, 2025
ISBN 978-3-8497-0389-9 (Printausgabe)

Bibliografische Information der Deutschen Nationalbibliothek:
Die Deutsche Nationalbibliothek verzeichnet diese Publikation in der Deutschen Nationalbibliografie; detaillierte bibliografische Daten sind im Internet über http://dnb.d-nb.de abrufbar.

Informationen zu unserem gesamten Programm, unseren Autoren und zum Verlag finden Sie unter: **https://www.carl-auer.de/**.
Dort können Sie auch unseren Newsletter abonnieren.

Carl-Auer Verlag GmbH
Vangerowstraße 14 • 69115 Heidelberg
Tel. +49 6221 6438-0 • Fax +49 6221 6438-22
info@carl-auer.de

Inhalt

Vorwort

Ein Auftakt zu Ihrem Lesevergnügen

Paul Watzlawick wird 100! Im Sommer 2021 würde der Weltkärntner seinen 100. Geburtstag feiern – vermutlich mit einer Linzertorte. Welch ein Glücksfall, denn zu diesem Jubiläum halten Sie ein systemisches Perlchen in Händen: die Verschriftlichung eines Vortrages von Watzlawick aus dem Jahr 1995, der bis dato nur auf der Tonspur der Carl-Auer Autobahnuniversität zu hören war und nun erstmals als geschriebenes Wort die Welt erblickt.

Kompakt: Was Sie hier vorfinden, sind zentrale Denkfiguren und Erkenntnisse des Palo-Alto-Pioniers in kompakter Form im besten Watzlawick'schen Stile: grundlegende, aber auch anspruchsvolle Klugheiten, in narrativer Form verständlich aufbereitet, humorvoll verpackt. »Gute Geschichten eben«, hätte Onkel Paul bodenständig dazu gesagt; es sind viele seiner bewährtesten, meine ich. Sie finden im vorliegenden Text auch zahlreiche Beispiele, die noch in keinem seiner Bücher vorkommen – dieses Material erscheint das erste Mal. Den Bogen des Vortrages spannt der Konstruktivismus, in welchen die pragmatischen Axiome der menschlichen Kommunikation verwoben sind; die Anwendungs-Bandbreite der Beispiele reicht von Einzelpersonen bis hin zu internationalen Institutionen. Ultrakompakt ist schon der Titel – er bezieht sich auf eine leidschaffende Lösung 1. bzw. 2. Ordnung und die Fehler menschlicher Überzeugungen, d. h. Wirklichkeiten 2. Ordnung als (nach Vaihinger) völlig unbewiesene Als-Ob-Fiktionen – und zweckmäßige Irrtümer.

Noch eine Besonderheit wartet auf Sie: Erstmals in einem Büchlein finden Sie zu zwei zentralen Aussagen Bildmaterial, das die beliebten Vorträge Watzlawicks ausgezeichnet hat: Moiré-Effekte, um die wohl ungewohnte oder für manche schwierige Idee der Beziehungsform, die als eigenständiges Drittes zwischen zwei Personen entsteht, darzustellen; sowie Grafiken, um die Ursache-Wirkungs-Interaktion zu veranschaulichen.

Kontext: Anfang Oktober 1995 also hielt der weltweit vortragende Stanford-Professor auf der 2. Europäischen Konferenz für Hypnose und Psychotherapie, die in München stattfand, diesen Vortrag unter dem Titel *Typische Probleme der Verständigung im Alltag.* Wie auch schon auf dem 1. Europäischen Kongress für Hypnose und Psychotherapie 1989 in Heidelberg wurden auch 1995 Vertreter anderer Psychotherapie-Ansätze eingeladen, um voneinander zu lernen; und dazu gehörte unter anderem auch der US-Austrianer Paul Watzlawick.

Watzlawick, beliebte und auch bekrittelte MRI-Aushängeikone, war damals bereits 74 Jahre alt; und das Jahr u. a. geprägt vom Bosnienkrieg, der Ermordung des israelischen Ministerpräsidenten Jitzchak Rabin und der friedlichen Biergarten-Revolution (um vorgezogene Sperrstunden zu verhindern) in München. Als Kino-Blockbuster lief *Ein Schweinchen namens Babe,* und der Nobelpreis für Literatur ging an den irischen Dichter Seamus Heaney. Der Carl-Auer Verlag publizierte 1995 u. a. die ersten zwei Bände der *Gesammelten Werke von Milton H. Erickson,* herausgegeben von Ernest L. Rossi, sowie *Wahrscheinlichkeit und Wissenschaft* von George Spencer Brown und von Gregory Bateson und Jürgen Ruesch *Kommunikation: Die soziale Matrix der Psychiatrie.* Es sind dies immer noch Klassiker der systemischen Literatur; wie die Bücher von Paul Watzlawick. Insa Sparrer erzählte mir einmal, sie sei über Watzlawick auf George Spencer Brown aufmerksam geworden; und Gunther Schmidt meinte einmal, über Watzlawick habe er Näheres zu Milton H. Erickson erfahren; wie viele Menschen durch Watzlawick begonnen haben, Bateson zu lesen und zu verstehen, ist Legion – Fritz B. Simon gab Kunde dazu.

(Kybernetische) Konturen: Wenn Watzlawick weise-witzig vortrug, stand er auf der Bühne. Welche seiner diversen persönlichen »Seiten« schimmert für Sie hinter dem vorliegenden Text durch? Selbstkritische Selbstdarstellung oder selbstgefälliges Understatement? Augenzwinkernde Bescheidenheit auf Augenhöhe mit dem Publikum oder mal ein müdes Witzchen des Bankier-Sohnes aus gutbürgerlichem Hause? Watzlawick spielte auf einer umfassenden, kultur- und epocheübergreifenden Wissens-Klaviatur – von Epiktet über Kant und Einstein bis hin zu selbst erlebten Küchentisch-Konflikten; eine hohe Quellen-Transparenz und eine wohltuende Komplexitätsreduktion zeichnen ihn m. E. aus; es liegt an Ihnen, beim Lesen auf die Tonalität Ihrer Ohren zu lauschen. Denn – was entdecken Sie dabei möglicherweise auch über sich?

Noch eine mögliche Lesart sei an dieser Stelle aufgeblättert: Wer den Vortrag mit einer syntaktischen Brille liest, kann für sich eine Anleitung zum Aufbau eines ansprechenden Vortrags finden; das hat mein Großonkel m. E. (je nach Geschmackslage) beherrscht. Das sei Ihnen jetzt aber echt Zuviel des Guten? Nun, dann verschenken Sie das Büchlein einfach an einen Menschen, dem Fehler das Leben erschweren, und muten Sie ihm oder ihr was Gutes zu.

Wohlbefindliches Eintauchen in die Lektüre Ihres Jubiläums-Perlchens!

Andrea Köhler-Ludescher
Wien, im Januar 2021

Ich glaube, wir könnten anfangen. Meine Damen und Herren, ich möchte mich vor allem bei jenen, wie man auf Neudeutsch sagt, Kolleg:innen entschuldigen, die vielleicht schon vorgestern bei meinem Vortrag waren. Ich werde einige Beispiele wiederholen, also nehmen Sie mir das bitte nicht übel. Ich habe immer große Angst, mich zu wiederholen, aber ich habe gleichzeitig die etwas megalomanische Vorstellung, dass selbst, wenn jemand vom Kaliber von Einstein gebeten wurde, über die Relativitätstheorie zu sprechen, er sich vermutlich wiederholt haben dürfte. Jedenfalls: Wie Sie wissen, ist mein Thema »Typische Probleme der Verständigung im Alltag«. Und lassen Sie mich mit einem etwas müden Witzchen beginnen – einer orientalischen Geschichte, die so ungefähr die Grundlage dessen enthält, was ich Ihnen im Detail darlegen möchte.

Wer den Esel trägt …

Ein Vater ist mit seinem kleinen Sohn und einem Esel an einem heißen Tage auf einer staubigen Straße auf ein fernes Ziel unterwegs. Der Vater reitet auf dem Esel, der Kleine geht nebenher. Da kommt ihnen eine Gruppe von Leuten entgegen, und der Vater hört, wie die sagen: »Schaut euch das mal an. Der Vater, der reitet auf dem Esel, und der Kleine muss zu Fuß gehen an diesem heißen Tage. Hat denn der gar kein Mitleid mit seinem Sohn?« Daraufhin steigt der Vater ab, gibt den Kleinen auf den Esel hinauf, und es geht weiter. Da kommt eine Gruppe von Personen wieder in der Gegenrichtung, und der Vater hört, wie die sagen: »Schaut euch das mal an. Der Vater geht zu Fuß, der Kleine reitet auf dem Esel. Was soll denn aus diesem Kleinen mal werden, wenn er jetzt schon so verwöhnt wird?« Darauf besteigt auch der Vater den Esel und zusammen reiten sie weiter. Da kommt eine Gruppe von Personen in der Gegenrichtung. Der Vater hört, wie diese sagen: »Da schaut euch das mal an. Beide zusammen reiten den Esel. Dieses arme Tier. Ja, haben die denn kein Mitleid?« Daraufhin steigt der Vater ab, nimmt den Kleinen vom Esel herunter, und sie beginnen, zusammen den Esel zu tragen. Da kommt eine Gruppe in der Gegenrichtung, und die sagen … Na, ich überlasse es Ihnen, sich vorzustellen, was die sagen!

Jedenfalls also: Sie sehen, für mich entsteht nun die Frage: Wer hat recht? Und das ist für mich wichtig, denn in dieser Geschichte haben wir bereits eine grundlegende Feststellung, die darin besteht, dass wir, wenn wir alle ein normales Sehvermögen haben, diesen Vater, den Sohn und den Esel wahrnehmen können. Keine Frage darüber. So ist es. Aber die Bedeutung, der Sinn, der Wert, den wir diesen Wahrnehmungen zuschreiben, dafür gibt es keine endgültige Wahrheit. Das sind Zuschreibungen. Oder, wie wir heute im radikalen Konstruktivismus sagen: Das sind Konstruktionen.

Wer also hat hier recht? Schon Epiktet vor ungefähr 19 Jahrhunderten sagte: »Es sind nicht die Dinge, die uns beunruhigen, sondern die Meinungen, die wir von den Dingen haben.« Also, Sie sehen, auch der Konstruktivismus ist keineswegs eine neue Erfindung.

Philosophie und Physik

Kant, Schopenhauer und andere Philosophen haben ebenfalls zu diesem Thema Stellung genommen. Ich darf hier einige Zitate vorlesen. Ja, vor Schopenhauer noch, vor Kant noch: Giambattista Vico. Ein Mann der italienischen Spätrenaissance und angeblich der letzte Mensch auf Erden, der noch alles wusste, was zu wissen war. Das ist heute etwas schwieriger geworden, wie Sie wissen dürften. Giambattista Vico vertritt in seinem Buch *De antiquissima Italorum sapientia* die Ansicht, wissenschaftliche Arbeit beruhe darauf, die Dinge in eine schöne Ordnung zu setzen. Es ist schon weit von der Entdeckung der endgültigen Wahrheit entfernt, wie Sie zugeben werden. Und Kant stellt fest, aller Irrtum bestehe darin, dass wir, unsere Begriffe zu bestimmen oder abzuleiten oder einzuteilen, für Bedingungen der Sachen an sich halten. In ähnlichem Sinne betont Jaspers in seinem Werk *Von der Wahrheit*: Die Welt ist, was sie ist. Nicht die Welt, sondern unser Wissen kann falsch sein. Und nicht wesentlich anders – und das ist für mich so interessant, selbst in dem Gebiet, von dem man als Laie naiverweise annimmt, dass es die objektivste Wissenschaft ist, die es gibt, nämlich die theoretische Physik – selbst aus dieser Richtung kommen uns Bestätigungen für diese eben angeschnittene Problematik. Das heißt, dass wir die Wirklichkeit herstellen und glauben, so sei sie. In einem Gespräch mit Heisenberg soll Einstein schon im Jahr 1926 in Kopenhagen gesagt haben: »Es ist falsch anzunehmen, dass die Theorie sich auf Beobachtungen aufbaut. Das Gegenteil ist vielmehr der Fall: Die Theorie bestimmt, was wir beobachten können.« Also ganz im Gegenteil dazu, wie man bisher angenommen hat. Schrödinger sagt in seinem Werk *Mind and matter*: »Jedermanns Weltbild ist und bleibt eine geistige Konstruktion und hat darüber hinaus keine nachweisbare Existenz.« 1964, auf der Lindauer Nobelpreisträger-Tagung, insistiert Max Born: »Ich glaube, dass Ideen wie absolute Richtigkeit, absolute Genauigkeit, endgültige Wahrheit, Hirngespinste sind, die in keiner Wissenschaft zugelassen werden sollten.« Heisenberg schreibt viel später, nach der erwähnten Besprechung mit Einstein, in einem seiner Werke, dessen Titel ich jetzt hier nicht finde, verzeihen Sie mir das bitte. Er schreibt: »Die Wirklichkeit, von der wir sprechen können, ist nie die Wirklichkeit an sich, sondern eine gewusste Wirklichkeit oder sogar in vielen Fällen eine von uns gestaltete Wirklichkeit.« Wenn gegen diese letzte Formulierung eingewandt wird, dass es schließlich doch eine objektive, von uns und unserem Denken völlig unabhängige Welt gäbe, die ohne unser Zutun abläuft oder ablaufen kann und die wir eigentlich mit der Forschung meinen, so muss diesem zunächst so einleuchtenden Einwand entgegengehalten werden, dass doch schon das Wort »es gibt« aus der menschlichen Sprache stammt und daher nicht gut etwas bedeuten kann, das gar nicht auf unser Erkenntnisvermögen bezogen wäre. Für uns gibt es nur die Welt, in der das Wort »es gibt« einen Sinn macht.

Intellektuell ist das zweifellos einsehbar. Aber wir alle in unserem Leben selbst sind im Konfliktfall keineswegs irgendwo auch nur in der Nähe dieser Überlegungen. Für uns ist unsere eigene Sicht der Wirklichkeit die wahre, die objektive, und der andere ist *verrückt* oder *böswillig* – das klingt viel besser auf Englisch »mad or bad« – in der Art und Weise, wie er die Welt sieht.

Piaget, in seinem Buch *La construction du réel chez l'enfant – Der Aufbau der Wirklichkeit beim Kinde* heißt es, glaube ich, auf Deutsch – da stellt er schon fest, dass das Kind sich eine Wirklichkeit nicht nur durch Tasten und durch Erfühlen der Gegenstände langsam bildet, sondern außerdem auf der Basis der Mitteilungen seiner Umwelt, seiner menschlichen Umwelt. Also zum Beispiel Mitteilungen wie »Wir sagen dir, wer du bist«, »Wir sagen dir, wie du die Welt zu sehen hast«. Auf diese Weise kommt es eben zur Ausbildung von Wirklichkeitsauffassungen, von denen wir alle naiverweise annehmen, dass sie die wahren, richtigen, objektiv ewig gültigen sind.

Pragmatik der Kommunikation und Fehlverständnisse

Nun, wie kommt es also zu diesen Problemen? Und da möchte ich auf das erste Axiom unserer Pragmatik der Kommunikation verweisen, das besagt: »In Gegenwart eines anderen Menschen ist alles Verhalten Kommunikation. Daher kann man nicht nicht kommunizieren.«

Da hat der amerikanische Psychologe Luft schon vor etwa vierzig Jahren ein Experiment durchgeführt, das ich Ihnen hier vorstellen möchte. Er ließ zwei einander unbekannte Personen in einem Zimmer Platz nehmen, sodass sie sich gegenseitig sahen, und wies sie an, nicht miteinander zu sprechen oder in irgendeiner Weise zu kommunizieren. Die anschließenden Befragungen ergaben, dass die Versuchspersonen diese Situation als große Belastung empfunden hatten. Jeder von ihnen hatte, so führt Luft aus, vor sich den anderen Menschen und dessen ununterbrochenes, wenn auch stark eingeschränktes Verhalten. Unserer Ansicht nach findet in dieser Situation eine wirkliche zwischenmenschliche Auseinandersetzung statt, und nur ein Teil dieser Auseinandersetzung dürfte sich bewusst abspielen. So zum Beispiel: Wie reagierte der eine auf die eigene Gegenwart und die kleinen Ausdrucksbewegungen, die man ihm gegenüber zeigte? Findet ein fragender Blick keine Antwort oder wird er kalt abgewiesen? Verrät die Körperhaltung des anderen Spannung und damit Unbehagen über die Konfrontierung? Wird er zusehends entspannter und drückt damit Wohlwollen aus oder behandelt er einen, als existiere man nicht? Diese und viele andere Verhaltensformen lassen sich so beobachten.

Ich erinnere mich, in meiner Ausbildungszeit in Zürich, da arbeitete ich an mehreren psychiatrischen Anstalten, und zu meinem Erstaunen fand ich gelegentlich jemanden, einen sogenannten Patienten, der mit dem Gesicht gegen die Wand stand, stundenlang regungslos. Ich fragte mich: »Was mag das wohl bedeuten?« Und dann dämmerte es mir, dass dieser Mensch offensichtlich nicht kommunizieren will. Er wird Grund gehabt haben, nicht zu kommunizieren. Aber eben auch seine Art, nicht zu kommunizieren, ist natürlich eine Kommunikation. Es ist ein undurchbrechbarer Teufelskreis.

Wenn ich im Flugzeug sitze und habe das Unglück, dass neben mir jemand sitzt, der unbedingt Konversation machen will – ich nehme an, ein Amerikaner, denn er findet es durchaus in Ordnung, mich auszufragen, wer ich bin und so weiter, und ich habe keine Lust, das dem zu sagen – da versuche ich also, diese Sache zu verunmöglichen, indem ich dort sitze und die Augen geschlossen habe oder aber lese oder aus dem Fenster hinaussehe. Aber dann kommt früher oder später der Moment, wo zum Beispiel die Flugbegleiterin mit dem Kaffee kommt und ich ihr sagen muss: »Cream and sugar please«, also »Milch und Zucker, bitte«. Darauf wendet sich der sofort an mich, er hört meinen Akzent, und da meint er: »Woher kommen Sie?« Und da sehe ich ihn freundlich an und sage: »Yes«. Das ist meist das Ende dieser Kommunikation.

Kategorien von Kommunikationsproblemen – Gestikulieren und Sprechen

Nun zu verschiedenen Kategorien dieser Kommunikationsprobleme. Erstens möchte ich erwähnen, dass eine Kommunikation für einen Empfänger keine oder eine andere Bedeutung sprachlicher oder kultureller Art haben kann als für den Sender. Und daraus ergeben sich natürlich Schwierigkeiten. Ich verstehe nicht ein Wort Japanisch, aber die nichtverbalen Aspekte des gesprochenen Japanisch, die interpretiere ich irgendwie. Ich interpretiere die natürlich auf der Basis meiner eigenen, nichtverbalen Regeln, und das kann ziemlich schiefgehen.

Oder nehmen Sie dieses Handzeichen. In vielen Fällen bedeutet das »ausgezeichnet«, »perfekt«.[1] In Frankreich kann

---

1 Watzlawick führt Daumen und Zeigefinger an den Spitzen zusammen, sodass eine Kreisform entsteht.

es aber dagegen unter Umständen bedeuten: »Du bist eine Null.« Das ist nicht ganz dasselbe. Und in Italien – verzeihen Sie, wenn ich das erwähne – bezieht es sich auf eine gewisse Körperöffnung. Wenn Sie nach Griechenland reisen sollten, bitte bedenken Sie, dass in Griechenland »Nein« dies ist: diese Kopfbewegung.[2] Während ein »Ja« auf Griechisch das ist[3] ... Es kann da zu Schwierigkeiten kommen. Sollten Sie nach Thailand reisen, so sitzen Sie bitte nicht mit gekreuzten Beinen da. Das ist unerhört unhöflich. Ganz besonders, wenn Ihr Fuß dann auf eine andere Person deutet. Das wird als äußerst unfreundlich und negativ gesehen. Sollten Sie nach Mittelamerika reisen, dann geben Sie bitte die Höhe eines Menschen nicht mit dieser Handbewegung an.[4] »Als ich Ihren Sohn zum letzten Mal sah, da war er ganz klein, und jetzt ist er schon so groß.« Nein, dieses Zeichen gilt nur für die Kommunikation der Höhe von Tieren. Die Höhe von Menschen wird durch ein anderes Handzeichen angegeben. Wenn Sie in Nordamerika sind, dann werden Sie nach einem Konzert schrille Pfiffe hören. Das hat keineswegs die Bedeutung, die es bei uns hat, das ist dort Anerkennung. Und dann natürlich das hier: die Hände in den Hosentaschen. Als ich noch jung war, da war das überaus unhöflich, mit einer Respektsperson zu sprechen und die Hände in den Hosentaschen zu haben. Aber wie Sie sich erinnern dürften, Präsident Bush hatte seine Hände immer in den Hosentaschen – gleichgültig, mit wem er sprach.

Dann gibt es bestimmte Regeln. Zum Beispiel, wie man als Mann in Begleitung einer Dame in ein Lokal eintritt. In meiner Jugend – vielleicht ist es auch heute noch so – war

2 Kopf nickend in den Nacken werfen.
3 Kopf hin- und herschüttelnd nach vorn bewegen.
4 Arm mit flacher Hand nach vorn gestreckt.

das so, dass der Mann vorausging, die Tür offen hielt und die Dame eintrat. In Amerika würde das als sehr unhöflich angesehen. Da tritt die Dame auf jeden Fall zuerst ein.

Das sind so einige wenige Beispiele, die aber alle denselben grundlegenden Nenner haben, nämlich den, dass verschiedene Zeichen in verschiedenen Kulturen verschiedene Bedeutungen haben und daher sehr wohl zu wesentlichen Schwierigkeiten führen können. Noch ein anderes wichtiges Beispiel aus Amerika: Das Zählen mit den Fingern ist da nicht wie bei uns. Wir zählen eins, zwei, drei, vier, fünf. Aus unerfindlichen Gründen zählt der Amerikaner eins, zwei, drei, vier, fünf.[5] Also wenn Sie in Amerika drei Glas Bier wollen, dann signalisieren Sie das dem Kellner nicht so, Sie bekommen nämlich dann nur zwei oder fünf, je nachdem.

Das waren averbale Aspekte, aber nehmen Sie dann die verbalen Aspekte, die natürlich genauso häufig sind, oder noch häufiger. Als der Bundeskanzler Adenauer seine erste Besprechung mit dem Chef des Marshall-Plans hatte – Sie wissen, der Marshall-Plan war eine enorme Hilfeleistung der USA an Europa –, fragte dieser Chef der Amerikaner Adenauer, welches denn das wichtigste Lebensmittel sei, das an Deutschland geliefert werden soll. Und Adenauer sagte »Korn«. Der Übersetzer machte den Fehler, »Corn« zu sagen, und es kamen Tausende von Tonnen von Maismehl – das heißt nämlich auf Englisch *corn* – nach Deutschland, mit dem scheinbar niemand etwas anzufangen wusste. Die Polenta war noch nicht bekannt in diesen Tagen.

Oder aber nehmen Sie den Ausdruck *to table*. Das hat zwei sehr verschiedene Bedeutungen. Oscar Wilde sagte schon, dass Großbritannien und Amerika zwei Länder sind, die

5 Im Vortrag als unterschiedliche Abzählmuster mit den Fingern gezeigt.

eine gemeinsame Sprache trennt. Und da soll es bei einer Besprechung des Stabschefs während des Krieges, in der sowohl die Engländer wie auch die Amerikaner unbedingt zu einem Entschluss kommen wollten, zu folgendem Beispiel gekommen sein. Die Engländer sagten, sie wollten diese Sache »to table«, worauf die Amerikaner sofort protestierten. Und es dauerte angeblich ungefähr eine Viertelstunde, so berichtet Churchill in seinen Memoiren, bis sich die beiden Rechenschaft darüber ablegten, dass »to table« in den beiden Ländern verschiedene Bedeutungen hat: »to table« auf Englisch heißt »die Sache hier auf den Tisch legen«, also vorrangig bearbeiten; »to table« in amerikanischem Englisch heißt aber »die Sache in der Schublade verschwinden lassen«. Und da gab es also, wie gesagt, eine lange Diskussion, bis sich die beiden Partner endlich darüber klar wurden, dass sie von Anfang an dasselbe gemeint hatten.

Wenn Sie in Amerika sind, bitte nehmen Sie den Abschiedsgruß »See you later« nicht wörtlich. Das heißt »Auf Wiedersehen« – irgendwann einmal. Das kann bei mitternächtlicher Verabschiedung je nach dem Geschlecht des Verabschiedenden aber zu falschen Annahmen führen: »See you later.«

In Amerika sagt man »Hurry back« – »Beeil dich, zurückzukommen«. Das heißt es, aber das bedeutet es keinesfalls. Man sagt »Hurry back« auch, wenn man vereinbart hat, dass man sich erst in drei Wochen wieder trifft. Und dann nehmen Sie, wie Sie vielleicht schon bemerkt haben dürften, in Amerika die Verwendung des Vornamens, die mich nach 44 Jahren immer noch ärgert. Wenn mich der Bank-Beamte oder der Taxichauffeur oder wer auch immer sofort mit meinem Vornamen benennt, ist das für mich als Europäer eine Respektlosigkeit. In Amerika dagegen ist es ein Zeichen der

Freundlichkeit. Es ist etwas Nettes, das man dem Betreffenden tut, indem man ihn mit seinem Vornamen bezeichnet, auch wenn man ihn erst seit fünf Minuten kennt.

Dann ein paar Hinweise darauf, wie auch in der Werbung immer wieder solche Fehler passieren. Nehmen Sie dieses japanische Spiel, genannt Nintendo. Das kennen Sie vermutlich zumindest dem Namen nach. Jedermann, der Italienisch oder Spanisch spricht, hat den Eindruck, es handelt sich um etwas sehr Negatives. »Non intendo« – ich verstehe nicht oder ich habe nicht die Absicht. »No entiendo« auf Spanisch: Ich verstehe nicht. Wieso die diesen Namen gewählt haben, ist mir schleierhaft. Jedenfalls ist er für die Werbung des betreffenden Produktes nicht sehr praktisch.

Dann gibt es, oder gab es zumindest, in Japan zwei Autotypen, von denen man sich erhoffte, dass sie sich in Europa und auch in Nordamerika gut absetzen lassen. Und man nannte den einen Typ *Preview* und den anderen *Prelude.* Wie man zu diesem Namen kam, bleibt mir schleierhaft, denn »Preview« heißt sozusagen nur eine Vorbesprechung, etwas Vorläufiges. Und »Prelude« bedeutet mehr oder weniger dasselbe, einen Auftakt. Aber auch in England passierte dieser selbe Fehler. Die Firma Rolls Royce brachte ein neues, wunderschönes Modell heraus, einen Wagen von großer Eleganz. Und die gaben ihm den romantischen englischen Namen *Silver Mist* – »mist« heißt auf Englisch »Dunst, Hauch«, also *Silberhauch.* Aber bei uns heißt das etwas anderes. Das wären also so Sachen, die sich rein aus der Verschiedenheit der Sprachen und daher auch der nonverbalen Kommunikation ergeben können und auf die wir achten müssen, wenn wir ins Ausland reisen.

Inhalts- und Beziehungsaspekt

Dann möchte ich als zweiten Punkt das zweite Axiom unserer Kommunikationstheorie erwähnen. Gregory Bateson, unser großer Mentor, verwies darauf, dass in jeder Kommunikation die Kommunikation auf zwei Ebenen verläuft. Die eine nannte er den Inhaltsaspekt, die andere den Beziehungsaspekt. Der Inhalt ist nach Bateson die Kommunikation von mehr oder weniger objektiven Tatsachen.

Unweigerlich aber enthält jede Kommunikation – gleichgültig, wie objektiv und neutral sie zu sein scheint – auch die Definition der Beziehung seitens des Kommunikanten, seiner Beziehung mit dem Empfänger dieser Kommunikation. Das ist von großer Wichtigkeit, denn da können sich menschliche Probleme ergeben, die anscheinend nichts mit der Information zu tun haben, die eben übermittelt wurde. Sehen Sie: Selbst in schriftlicher Kommunikation fühlen wir uns verschiedentlich angesprochen, wenn wir eine Aufschrift lesen »Eintritt verboten« oder aber »Bitte hier nicht eintreten«. Wir fühlen uns von dieser unbekannten Autorität verschiedentlich angesprochen.

In einem Wiener Witz über den Grafen Bobby – der Graf Bobby ist, wie Sie wissen, eine Wiener Witzfigur, über die es Hunderte von Witzen gibt – kommt das Dienstmädchen gelaufen und sagt: »Herr Graf, ich glaube, wir bekommen Regen.« Und Bobby richtet sich steil auf und sagt: »Mitzi. Ich bekomme vielleicht Regen. Und Sie bekommen vielleicht Regen.« Was meint er damit? Er wehrt sich gegen das Zusammenbringen von ihm, dem Aristokraten, und dem Dienstmädchen. »Wir« ist unannehmbar.

Oder stellen Sie sich bitte vor, dass ein Physiker zum anderen sagt: »Das Uranium-Atom hat 92 Elektronen.« Was glauben Sie, wird die Antwort des anderen sein? Wenn der andere ihm wirklich nur auf den Inhaltsaspekt antworten würde, dann würde er sagen: »Ja, ja, stimmt.« Aber es ist viel, viel wahrscheinlicher, dass der andere sagen wird: »Ja, glauben Sie denn, ich bin ein Idiot? Ich habe ja schließlich auch Physik studiert.« Sehen Sie, da sind zwei völlig verschiedene Aspekte. Mit Elektronen hat die Antwort des anderen gar nichts zu tun, sondern nur mit der Implikation, dass er eine derartige grundlegende Tatsache der Physik nicht kennt. Und das ist natürlich beleidigend.

Wenn wir uns also, Bateson folgend, diese beiden Ebenen der Kommunikation im Gedächtnis behalten, dann können wir natürlich feststellen, dass es vier Möglichkeiten gibt. Es gibt eine Matrize von vier Möglichkeiten. Die erste wäre eine Kommunikation – und daher eine Interaktion, sollte ich besser sagen – zwischen Sender und Empfänger, die sowohl auf der Beziehungs- wie auch auf der Inhaltsebene positiv akzeptabel ist. Das wäre also sozusagen die idealste Form einer Beziehung. Die beiden sind sich nicht nur über die objektive Sache einig, worüber sie gerade sprechen, sondern sie sind sich auch einig über die Definition der Beziehung. Der Idealfall: Ich fühle mich von meinem Partner angenommen, mein Partner akzeptiert mich, und außerdem sind wir darüber einig, wie wir vorgehen müssen in einem ganz bestimmten Zusammenhang.

Damit ist auch bereits die negativste Form der Beziehung definiert, denn die besteht dann aus »minus-minus« auf beiden Ebenen. Das heißt also zum Beispiel: Die beiden sind sich sowohl auf der Beziehungsebene als auch auf der Inhaltsebene uneinig. Das kann dazu führen, dass sie dann gar nicht übereinstimmen könnten, denn das würde ja bedeuten, dass sie die Annahme des anderen akzeptieren, und das können sie nicht. Dies sind diese scheußlichen Beziehungsformen, in denen fortwährend das stattfindet, was Gregory Bateson »die symmetrische Eskalation« nannte. Das ist Austausch von aggressiven Verhaltensformen, die sich immer weiter hinaufschaukeln. Gut, das wäre also die zweite Möglichkeit. Beides ist minus.

Das finden wir, wenn ich auf das Klinische eingehe, auch dort vor, wo wir es zu tun haben mit, sagen wir mal, einem Ehepaar, das Beratung sucht, eben weil sie fortwährend streiten, ins Streiten kommen. In diesem Fall ist es zwecklos, zu Beginn der ersten Sitzung zu fragen: »Was ist das Problem, bitte? Was bringt Sie hierher? Was möchten Sie gerne lösen?« Denn unweigerlich sagt der eine Partner, sagen wir mal, der Mann: »Das Problem ist meine Frau, die hat das und das und die explodiert sofort.« Die Antwort: »Nein, das Problem bist du.« Und innerhalb von drei Minuten sind die schlechter dran, als bevor sie zu mir ins Zimmer kamen. Das vermeide ich heute, indem ich eine Technik anwende, die der austrokanadische Logiker Anatol Rapoport in einem in den Sechzigerjahren veröffentlichten Buch namens *Fight, games and debates* – ich weiß nicht, ob es auf Deutsch existiert – beschrieben hat. Gegen Ende des Buches – das Buch basiert auf dem Kalten Krieg und den Komplikationen des Kalten Krieges –, da spricht er davon, dass es notwendig wäre, eine Verhaltensregel in die Konferenzen zwischen der Sowjetunion und den westlichen Mächten einzuführen. Eine Verhaltensregel, der zufolge das Problem, das der Grund dieser Konferenz ist, nicht besprochen werden darf, bevor die beiden Delegationen nicht jeweils den Standpunkt der anderen Delegation zur Zufriedenheit der anderen Delegation dargelegt haben. Und er sagt, wenn das möglich wäre, dann wären 50 Prozent des Problems vielleicht bereits gelöst, bevor das Problem selbst überhaupt zur Sprache kommt.

Also ich verwende das in meiner Arbeit, wenn ich schon vom ersten Telefonanruf an glaube zu wissen, dass das so eine sehr konfliktreiche Ehebeziehung oder Beziehung zwischen Eltern und Kindern ist. Dann beginne ich die erste Sitzung nicht mehr mit der Frage »Also bitte, was ist das Problem?«, sondern ich wende mich zum Beispiel an den Mann und frage ihn: »Wenn Ihre Frau nicht hier wäre, und ich fragte Sie: ›Wie sieht Ihre Frau das Problem?‹ Wie würden Sie antworten? Wie würden Sie mir die Sicht Ihrer Frau darlegen?« Und ich bitte die Frau, still zu sein und zu warten und zu sehen, wie gut, wie schlecht, wie vollkommen, wie unvollkommen ihr Ehemann ihre eigene Sicht der Beziehungswirklichkeit darlegen kann. Und dann ist es an der Frau, mir den Standpunkt des Mannes, die Definition des Problems seitens des Mannes, vorzulegen. Glauben Sie mir, auf diese Weise kann man es erreichen, dass diese sofortige Eskalation, diese Explosion, sich nicht ereignet. Im Gegenteil: Es kann vorkommen, leider nicht so oft, wie ich das gerne hätte, dass einer der beiden fassungslos sagt: »Ja, aber ich hatte ja keine Idee, dass du glaubst, dass ich das glaube.« Und das ist schon ein wesentlicher Schritt aus dieser Falle der gegenseitigen Aggression heraus. Also, das wäre eine Möglichkeit, mit einer Beziehung zu arbeiten, wo auf beiden Ebenen, der Inhaltsebene und der Beziehungsebene, »minus« dominiert.

Dann gibt es die dritte Möglichkeit, dass die beiden sich auf der Beziehungsebene vollkommen uneins sind, dass sie sich aber auf der Inhaltsebene einig sind – vor allem darüber, was zu tun ist in einer ganz bestimmten Lage. Wir sehen das in unserer Arbeit sehr häufig. Wenn nämlich ein Problem gelöst ist, dann mag es sehr wohl zum Auseinanderbrechen der Beziehung kommen. Und ich bleibe hier jetzt, der Einfachheit halber, weiterhin im Bereich einer Zweierbeziehung. Also wenn zum Beispiel nach Jahren der saufende Gatte endlich aufhört zu trinken, worauf sie immer bestanden hat: »Hör doch auf!« Und nun hört er aus irgendeinem unklaren, unerfindlichen Grunde tatsächlich zu trinken auf, dann scheint es nicht selten vorzukommen, dass es dann zu einer Trennung kommt. Warum? Weil das verbindende Element auf der Inhaltebene, nämlich sein Trinken und ihr Versuch, ihn davon abzubringen, nun erledigt ist. Nun schauen sich die beiden an und finden, dass auf der Beziehungsebene aber nichts mehr da ist.

Dasselbe gilt genauso für den Beginn des Kalten Krieges. Solange die Sowjetunion und die Westmächte zusammen den Krieg zu gewinnen versuchten, waren sie einig. Sie waren auf der Inhaltsebene einig. Die Beziehungsebene spielte keine Rolle. Aber nach der Besiegung Deutschlands und Japans sahen sich die beiden sozusagen nun an und fanden, dass nicht nur nichts Gemeinsames zwischen ihnen existiert, sondern sogar sehr gegenteilige Dinge, und der Kalte Krieg brach aus. Sehen Sie, auch das wiederum ist ein klares Beispiel dafür, wie aus dieser Interaktion oder Durchdringung der beiden Beziehungsebenen, der beiden Kommunikationsebenen, Probleme entstehen können.

Dann gibt es natürlich die Möglichkeit, dass die beiden sich auf der Beziehungsebene einig sind, aber auf der Inhaltsebene nicht. Das wäre die reifste Form einer Meinungsverschiedenheit. Das heißt, sie sind gegenteiliger Meinung, was praktisch zu tun sei. Das stört aber ihre Beziehung in keiner Weise. Das ist natürlich wieder mal der Idealfall, denn natürlich ist man nicht immer derselben Meinung, was zu tun sei.

Und dann gibt's noch den etwas merkwürdigen Fall, der ein klarer Minus-minus-Fall ist, nämlich die relativ häufigen Eheschwierigkeiten zwischen zwei Menschen, die beide ihre größte Befriedigung im Helfen finden. Wenn zwei Helfer, ein Mann und eine Frau, eine Beziehung herstellen, dann kommt es fast unweigerlich zu Schwierigkeiten, denn beide Partner wollen dem anderen helfen, und kein Helfer will geholfen bekommen. Und daraus ergeben sich dann sehr rasch wesentliche Schwierigkeiten, obwohl hier nichts an sich Pathologisches, Negatives, Unannehmbares vorliegt. Beide wollen helfen, nur kommen sie dabei nicht beim anderen an. Der andere lehnt das ab.

Interpunktion von Kommunikation

Nun zu meinem dritten Punkt, nämlich der sogenannten Interpunktion von Kommunikation. Sie werden sehen: Ich werde versuchen darzulegen, dass Interpunktionen ebenfalls Wirklichkeiten schaffen. Nehmen Sie einmal als Beispiel den bekannten Witz von der Laborratte, die zu einer anderen Ratte sagt: »Ich habe meinen Aufseher ...«, oder wie Sie das nennen würden, »... so trainiert, dass er mir jedes Mal, wenn ich diesen Knopf hier drücke, zu essen gibt.« Sie sehen also, die Annahme des konditionierten Reflexes kann aus der Sicht der Ratte genau das Gegenteil sein.

Oder nehmen Sie den Witz von einem Mann, der stirbt und ins Jenseits kommt. Der trifft dort einen alten Freund, auf dessen Schoß ein entzückendes junges dralles Mädchen strampelt. Und er sagt: »Oh, wie herrlich, ist sie deine Belohnung?« Und der alte Mann sagt traurig: »Nein, ich bin ihre Bestrafung.«

Ich arbeitete mal mit einem Ehepaar, von denen beide der Meinung waren, der Partner schäme sich, in der Öffentlichkeit mit dem Partner gesehen zu werden. Und als typischen Fall erzählten Sie mir das, was Ihnen am Vortag zugestoßen war. Sie gingen in die Oper, waren etwas verspätet, weil sie keinen Parkplatz gefunden hatten, und mussten sich sehr beeilen, vom Wagen zur Oper zu gehen, und wir konnten genau dasselbe Problem wieder feststellen. Er sagte: »Gleichgültig, wie langsam ich ging, sie blieb immer drei Schritte hinter mir.« Und sie sagte »Das ist gar nicht wahr. Gleichgültig, wie schnell ich ging, du bliebst immer drei Schritte vor mir.« Sie sehen, es ist anscheinend dasselbe, dieselbe Wirklichkeit, aber zwei sehr verschiedene Interpretationen dieser Wirklichkeit. Oder aber der Mann sagt: »Meine Frau ist so kritisch, das halte ich einfach nicht aus.« Und sie sagt: »Nein, ich bin nur dann böse auf dich, wenn du dich kalt zeigst und dich zurückziehst vor mir.« »Nein, ich ziehe mich von dir nur dann zurück, wenn du kritisch mit mir bist.« Sehen Sie: von außen gesehen wiederum dieselbe Wirklichkeit, aber zwei sehr verschiedene Ansichten darüber, was Ursache und was Folge ist. Das spielt eine große, große Rolle in unserer Arbeit, der klinischen Arbeit; aber auch natürlich für Unternehmensberater, für Lehrer und so weiter. All das hat ja allgemeine Bedeutung.

Dann gibt's natürlich gewisse Sprachspiele, die sich unabsichtlich ergeben können. Sie kennen vielleicht den Ausspruch »Zehn Finger habe ich an jeder Hand, fünfundzwanzig an Händen und Füßen.« Kennen Sie das? Nur auf die Art und Weise, wie ich diese Aussage interpunktierte, wird sie unlogisch. Die richtige Interpunktion ist »Zehn Finger habe ich, an jeder Hand fünf, und zwanzig an Händen und Füßen.«

Oder nehmen Sie die Feststellung:

»Glauben Sie, dass das genügt?« – Je nachdem, welches Wort Sie in dieser Feststellung betonen, ändert das den Sinn der Frage.

»*Glauben* Sie, dass das genügt?« – Stellen Sie sich das vor?

»Glauben *Sie*, dass das genügt?« – Sind Sie derjenige, der das glaubt?

»Glauben Sie, *dass* das genügt?« – Glauben Sie, dass das wirklich genügend sei?

»Glauben Sie, dass *das* genügt?« – Das da hier, was auch immer das sei.

»Glauben Sie, dass das *genügt*?« – Glauben Sie, dass das wirklich ausreicht?

Sie sehen also, das sind eine ganze Reihe von Bedeutungen, die man rein durch die Betonung in eine Aussage einführen kann und die natürlich sehr leicht zu menschlichen Konflikten und Missverständnissen führen kann.

Die Autorin Saskia Landmann, die in Basel lebt, hat ein sehr, sehr schönes Buch über den jüdischen Humor geschrieben. Viele dieser herrlichen, geistreichen jüdischen Witze sind drin enthalten. Ich möchte nur einen erwähnen, und das ist der: Was ist die Definition von konsequent? Verschiedene Leute geben verschiedene Antworten. Aber die Autorin sagt: Nein, nein. Es gibt eine einfachere Antwort. Konsequent bedeutet *heute* so und *morgen* so. Was ist die Definition von inkonsequent? Heute *so*, morgen *so*. Klar, nicht?

Was würden Sie mir antworten, wenn ich Ihnen sagen würde: »Gleichgültig, was ich versuche, gleichgültig, wie ich mich anstrenge, ich kann nicht mit dem Rauchen aufhören.« Würde jemand riskieren, mir da zu sagen, was ich damit ausdrücke? Unklar? Die Antwort ist meist die, dass Sie sagen: »Sie haben mir damit mitgeteilt, dass Sie ein Raucher sind, der einfach nicht aufhören kann, nicht?« Und meine Antwort darauf lautet: »Nein, ich kann nicht mit dem Rauchen aufhören, weil ich nie angefangen habe.«

Auch das wieder ein Witzchen. Aber glauben Sie mir, in der menschlichen Tradition kommen solche Sachen vor und können wesentliche Schwierigkeiten hervorrufen. Oder nehmen Sie die Feststellung »Wenn wir uns nicht so beeilt hätten, wäre uns der Zug nicht vor der Nase davongefahren.« Klar, er wäre schon längst weg gewesen. Es kann aber auch eine sarkastische Bemerkung sein. Es kann wohl sein, dass die anderen sagten: »Aber wir beeilen uns ja sowieso, wir beeilen uns ja sehr«, und dass dann der Betreffende am Bahnhof sarkastisch sagt: »Ja, ja, wenn wir uns nicht so beeilt hätten, wäre uns der Zug nicht vor der Nase davongefahren.«

Stellen Sie sich vor, das wäre ein Champagnerglas, bitte. Und ich halte das hier in der Hand und sage zu ihnen: »Kein Champagner ist besser als dieser.« Was habe ich gesagt? Was, glauben Sie, ist der Sinn meiner Bemerkungen? Das ist der Beste, den es gibt, nicht? Nein, keineswegs. *Kein* Champagner ist noch besser als *dieser*. Es ist der schlechteste, den es gibt. Aber dieselben Worte drücken beide vollkommen widersprüchliche Bedeutungen aus.

Gut, bisher war fast nur vom Sender der Kommunikation bzw. den Annahmen oder Formulierungen einer Person die Rede. Komplikationen entstehen natürlich dann, wenn mindestens zwei Personen interagieren und sich auf die Annahmen des anderen einzustellen versuchen.

Hier ist ein total Trance erzeugendes Zitat aus Anatol Rapoports Buch, der sagt: »Stellen Sie sich vor, in einem Glas, da sind zwei Skorpione drinnen, wurden zwei Skorpione hineingetan. Beide sind in ein und derselben Flasche. Keiner hat einen Vorteil davon, den anderen zu stechen. Wenn aber der eine denkt, dass der andere ihn stechen will, dann muss er zuerst stechen. Aber auch wenn Skorpion A nicht glaubt, dass B ihn stechen will, aber annimmt, dass B glaubt, dass er, nämlich A, ihn, nämlich B, stechen will, muss A schließen, dass B schließt, dass er, B, den anderen, nämlich A, präventiv stechen muss. Weshalb A also B in Selbstverteidigung präventiv stechen muss.« Sie sehen, wie auf diese etwas komplizierte Weise Aggressionen entstehen, die sehr wohl auch auf das Verhalten zwischen Staaten übertragbar ist. Denn es sind immer die Annahmen über die Annahmen des anderen, die Annahmen über die Absichten des anderen, die die Grundlage meines Verhaltens sind, das dann auf seine Weise im anderen das bestimmte Verhalten erzeugt.

Unbestätigte unerforschte Annahmen können, wie gesagt, unglaubliche Probleme in menschlichen Beziehungen herbeiführen. Der Gründer und erste Direktor unseres Instituts, Don Jackson, wurde einmal gefragt, ob er bereit wäre, sich in einem Interview mit einem Schizophrenen filmen zu lassen – einem Patienten, der annahm, ein Psychiater zu sein. Der andere war aber ein Psychologe, den man gefragt hatte, ob er bereit wäre, ein Interview zu führen mit einem

Patienten, der glaubt, ein Psychiater zu sein. Wir hatten eine Situation geschaffen, in der die beiden von ganz bestimmten Bedingungen ausgingen; und je mehr der eine versuchte, seine Rolle zu spielen, desto verrückter erschien er in den Augen des anderen natürlich. Aus dieser Sache scheint es keinen Ausweg zu geben, es sei denn, es kommt eine Drittperson dazu. Das ist eben der große Unterschied und die große Wichtigkeit in unserer Arbeit.

Konfusionstechnik und Illusion der Alternativen

Oder aber nehmen Sie eine andere Form der Kommunikation, die in der klinischen Arbeit sehr große Bedeutung hat, und das ist Ericksons sogenannte *Konfusionstechnik*. Milton H. Erickson hat das erfunden. Er war Medizinstudent, war auf dem Wege zur Universität, es war schon etwas spät. Er ging also so schnell, wie er konnte, und als er an eine Straßenecke kommt, da kommt von der anderen Seite her eine andere Person. Es war regnerisch und kalt, beide gingen nach vorne gebeugt und stießen aneinander. Es war eine Situation, in der normalerweise gegenseitige Entschuldigungen gegeben wären, nicht wahr? Erickson, immer in seiner Intuition und in seiner fantastischen Magie der Sprache, also der Semantik, hat das nicht getan. Erickson hat seine Uhr angesehen und hat dem anderen höflich gesagt: »Es ist 15.45 Uhr.« Obwohl es in Wirklichkeit knapp 2 Uhr war. Und dann ging er weiter; und er erzählte uns, dass er einen halben Block weitergegangen war und sich dann umdrehte; und da stand der andere immer noch dort und versuchte zu begreifen, was da nur geschehen war.

Erickson hat das nun zu einer seiner Techniken gemacht, er hat das angewandt; und für die von Ihnen, die selbst therapeutisch arbeiten, möchte ich das etwas näher erklären. Wir alle kennen doch jene Patienten, die immer schon genau wissen, was wir denken, in welche Richtung wir gehen wollen und was wir als Nächstes sagen werden. Sie unterbrechen uns fortwährend. Sie wissen schon, was wir wollen, und dergleichen mehr. Und als Therapeut möchte man gern, dass der Betreffende mal still ist und zuhört. Und da eben empfiehlt sich die ericksonsche Konfusionstechnik.

Erickson begann, in einer Weise von einer Banalität zu sprechen, als handele es sich um eine ganz tiefe besondere Wahrheit. Zum Beispiel: »Erinnern Sie sich an Ihren 14. Geburtstag?« – »Nein, wer erinnert sich schon an seinem 14. Geburtstag? Was wollen Sie damit?« – »Aber erinnern Sie sich, dass an Ihrem 14. Geburtstag Ihr 13. Geburtstag in der Vergangenheit lag?« – »Na ja, selbstverständlich. Was denn sonst?« – »Und Ihr 15. Geburtstag war in der Zukunft.« – »Aha ...« – »Und als Sie nun 15 Jahre alt wurden, da war ihr 14. Geburtstag in der Vergangenheit und Ihr 16. in der Zukunft.«

Und da sind die Augen des Betreffenden meist schon etwas glasig, und er fragt sich, wie gesagt: »Warum erzählt mir dieser große Mann diese Nebensächlichkeiten? Diese Lappalien? Da muss doch irgendwo ein tiefer Grund liegen, den ich noch nicht erfasst habe.« Auf diese Weise, wie wir Menschen gebaut sind, halten wir uns dann eisern an der nächsten Mitteilung fest, die für uns Sinn hat. Und das ist der ganze Zweck der Konfusionstechnik: etwas mitzuteilen, das – eben, weil man die Konfusionstechnik angewandt hat – nicht ganz einfach verstoßen oder abgestoßen wird, sondern angenommen wird. Wie Ertrinkende klammern wir uns an einen Rettungsring: die erste klare Kommunikation.

Ich bin hier und Sie sind dort. Mein Hier ist hier und mein Dort ist dort. Für Sie ist es umgekehrt. Für Sie ist mein Hier Ihr Dort und mein Dort Ihr Hier. Und wie gesagt, die Augen des Betreffenden werden etwas glasig. Aber was soll das?

Oder es gibt in jeder Sprache Eigenschaftswörter, die wahr von sich selbst sind, und andere, die nicht wahr von sich selbst sind. Zum Beispiel das Wort »kurz« ist selbst kurz. Das Wort »lang« dagegen ist nicht lang. Das Wort »Spanisch« ist nicht spanisch. Das Wort »Spanisch« ist deutsch. Das Wort »Español« ist spanisch und so weiter.

Eine andere ericksonsche Technik war die so genannte »Illusion der Alternativen«. Da geht es um eine Mitteilung, die eine Wirklichkeit erschafft, in der es anscheinend eine freie Wahl gibt.

Erickson musste schon als sehr junger Bub auf dem Hofe seines Vaters mitarbeiten, und sein Vater hatte eine merkwürdige Art und Weise, ihn dazu zu bewegen, seine Arbeiten zu verrichten, indem er zum Beispiel sagte: »Willst du die Hühner oder die Schweine zuerst füttern?« Damit wird eine Illusion erzeugt, dass er eine Freiheit hat zu tun, was er will. Aber er muss beides sowieso auf jeden Fall tun. Die Freiheit besteht nur darin, ob er jetzt das eine oder dann das andere tun will.

Und das lässt sich ebenfalls sehr wohl auf Therapie anwenden. Nehmen Sie an, Eltern kommen, und das Problem, unter anderem, ist, dass das Kind jeden Abend einen fürchterlichen Krach schlägt und nicht ins Bett gehen will. Was kann man tun? Man kann ihn zwingen, aber das hilft nicht, er schreit und steht wieder auf im Bett und so weiter. Eine Möglichkeit wäre zu fragen: »Willst du heute Abend um 8 oder um 8.15 Uhr ins Bett gehen?« Damit kann man unter Umständen bereits Erfolg haben.

In der Propaganda werden ähnliche Tricks verwendet. Ich weiß nicht, ob Sie sich erinnern werden, aber als die Dinge für den lieben Herrn Hitler schlecht zu gehen begannen, da wurden überall, auch im besetzten Ausland, Plakate angeklebt an Häusern und so weiter, auf denen zu lesen stand: »Nationalsozialismus oder bolschewistisches Chaos?« Damit war anscheinend klargemacht, dass es nur zwei Möglichkeiten gibt, und natürlich jede anständige Person sich für die reine gute positive entscheiden muss.

Es gab Großalarm bei der Gestapo, weil Mitglieder einer Widerstandsgruppe – ich weiß nicht mehr, in welcher Stadt – kleine Zettel an diese Plakate klebten. Auf diesen Zetteln war zu lesen: »Erdäpfel oder Kartoffeln?« Also eben die Demontierung der Illusion der Alternativen. Sowohl Nationalsozialismus wie Bolschewismus stehen der Demokratie vollkommen feindlich gegenüber.

Emergenz

Ja, dann möchte ich also fortfahren und über eine Sache sprechen, die von großer Bedeutung ist für unsere Arbeit, aber die vom Gesichtspunkt der klassischen orthodoxen

Theorien und Therapien her als ausgesprochen häretisch zu bezeichnen wäre. Nämlich die sogenannte Entstehung von Neubildungen, die mehr sind und anders geartet, als die Faktoren, die zwei Beziehungspartner zum Beispiel in die Beziehung hereinbringen. Sie wissen ja, dass man dem im traditionellen Ansatz keinerlei Aufmerksamkeit schenkt, sondern im traditionellen Ansatz daran interessiert ist, die Ursachen in der Vergangenheit zu entdecken, die für die Problematik der Gegenwart verantwortlich sind. Das kann bekanntlich lange dauern. Und es ist im Sinne des Philosophen Karl Popper eine selbstimmunisierende Proposition, denn wenn sich aufgrund der Analyse der Ursachen in der Vergangenheit der Zustand des Patienten ändert, so ist das ein klarer Beweis für die Wirksamkeit dieses Ansatzes. Ändert sich der Zustand des Patienten aber nicht, so beweist das nur, dass die Suche nach den Gründen, nach den Ursachen in der Vergangenheit, noch nicht weit genug geführt worden war. Die Annahme gewinnt auf jeden Fall, so oder so. Erfolg wie Misserfolg beweisen die Richtigkeit der Annahme. Und diese Sache hat natürlich jetzt längst Widerspruch gefunden in den neuen Ansätzen, die heutzutage an den Systemen interessiert sind. Also nicht mehr eine monadische Angelegenheit. Keine unidirektionale Kausalität, die von der Vergangenheit linear in die Gegenwart führt, sondern wir wissen heute, dass das keineswegs so ist; dass die Situationen, die wir im Jetzt und Hier vorfinden, ihre eigenen Tatsachen für sich sind und nicht mal aus der Vergangenheit abgeleitet werden können.

Und das allein schon bringt natürlich sehr starke, wie ich schon sagte, Widerstände auf. Aber es ist keineswegs nur so, dass wir das nun so zu sehen beginnen, sondern in der ganzen Systemtheorie, in der neuen Forschung, ist diese lineare uni-direktionale Kausalität längst aufgegeben, und ich möchte Ihnen nur zu Ihrer Amüsierung eine Karikatur zeigen.

Abb. 1

In klassischer Sicht ist es so, dass Ursache und Wirkung einander folgen. Mit einer energischen Geste wird hier ein Hindernis aus dem Weg geräumt. Ursache und Wirkung. Und so scheint es oder schien es zu sein in der bisherigen klassischen Konzeption der Kausalität. In der modernen Sicht der Kausalität ist es jedoch so:

Ursache erzeugt Wirkung, aber Wirkung wirkt dann unweigerlich auf die eigene Ursache zurück. Und das ist, wie gesagt, für viele Kollegen sehr schwer annehmbar. Dazu kommt dann eben auch noch, dass sich in dem Augenblick, in dem wir beginnen, auf die Interaktion zu schauen und nicht nur auf die Vergangenheit, und uns zu fragen, was jetzt und hier vorgeht, wir dann mit einem Phänomen konfrontiert sind, das französische Biologen als erstes benannten, nämlich »la qualité emergente«, also die heraussteigende Eigenschaft. Auf Deutsch ist immer noch der Ausdruck »Neubildung« meines Erachtens der beste. Ich möchte Ihnen das jetzt anhand einiger Folien vorführen.

Es gibt eine Seide, die nennt sich Moiré. Es ist eine sehr dünne Seide, und wenn Sie zwei Stücke dieser Seide übereinander legen, dann sehen sie plötzlich Schleier und wolkenartige Gebilde, die Sie nicht auf das eine oder das andere Stück der Seide zurückführen können, die kommen aus der Interaktion heraus, sozusagen.

Hier hätten wir etwas Ähnliches: Wie Sie sehen, handelt es sich offensichtlich um einen Mann, nicht wahr? Einen klar denkenden Intellektuellen.

Abb. 2

Und nun stellen Sie sich bitte vor, dass dieser Mann in Beziehung tritt mit einer anderen Person, deren Persönlichkeitsstruktur diese ist.

Es handelt sich hier offensichtlich um eine Frau, wohl abgerundet mit ihren Gefühlen in Einklang und dergleichen mehr.

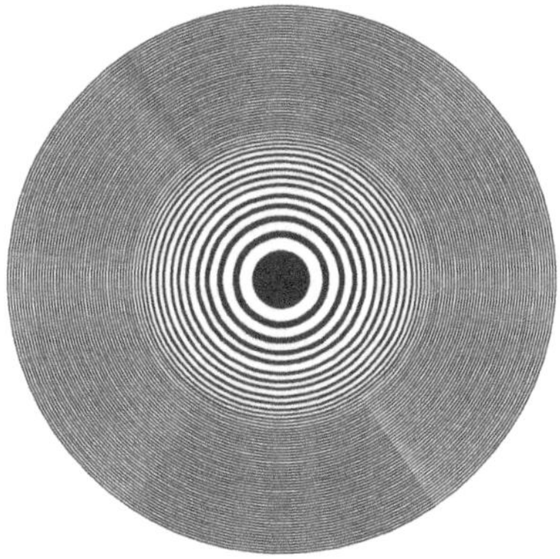

Abb. 3

Ich glaube nicht, dass es hier in dem Saal eine Person gibt, die sich vorstellen könnte, wie nun diese Beziehung aussieht, weil eben eine Beziehung mehr und anders geartet ist als die bloßen individuellen Eigenschaften, die in die Beziehung hereingebracht werden.

Das möchte ich nun vorführen, indem ich die beiden Folien übereinanderlege.

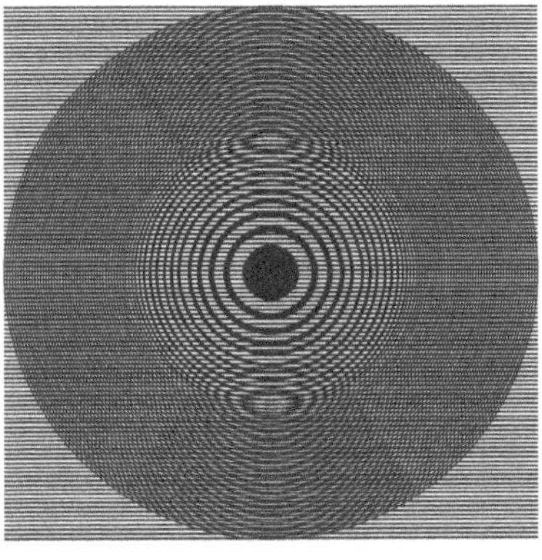

Abb. 4

Bitte geben Sie dieser Sache keine sexuelle Bedeutung, es ist nicht notwendigerweise so. Was wir nun beobachten, ist etwas, was es laut Aristoteles nicht gibt. Er sagte schon: »Tertium non datur« – »Ein Drittes gibt es nicht.« Da haben wir aber sehr wohl ein Drittes. Sehen Sie, diese Muster hier, die jetzt hier entstehen, sind nicht auf den einen oder anderen Beziehungspartner zurückzuführen, das ist die Beziehung. Und in meiner Arbeit ist für mich seit Langem der Patient die Beziehung, und nicht eine Person.

Sie mögen sagen »Ja, ja, bitte, wenn zwei so gegensätzliche Menschen in Beziehung treten, dann muss es ja Schwierigkeiten geben.« Keineswegs. Stellen Sie sich vor, es gäbe zwei Menschen mit genau derselben Persönlichkeitsstruktur.

Abb. 5

Sie sehen auch hier wieder Neubildungen. Und nebenbei: Haben Sie bemerkt, dass auch eine leise Verschiebung bereits große Wirkung erzeugt? Darauf kommt es uns in unserer Arbeit an. Aber vor allem wäre zu bemerken, dass, wie gesagt, diese Sache ein Drittes darstellt, das nicht rückführbar ist, und wir alle in unseren eigenen Beziehungen können das nicht wahrnehmen. Das kann man von außen wahrnehmen. Aber wir selbst, wir sind ja Teil dieser Sache, wir können nicht aus der Sache heraustreten und sie von außen anschauen, wie wir das hier von außen sozusagen ansehen. Das Interessante ist dann, dass, wenn diese so entstehenden Neubildungen etwas Positives, für die Beziehung Wertvolles darstellen, dann ist das selbstverständlich mein Beitrag zur Beziehung. Sehen Sie etwas Negatives? Dann ist das die Schuld meines Partners. Ganz klar.

Systemisches Denken

In den meisten Wissenschaftszweigen hat sich diese Einsicht durchgesetzt. Man spricht heute von systemischer Arbeit. Man spricht von der Chaostheorie und dergleichen mehr. Es beruht alles auf dieser systemischen Sicht. Aber in unserem Fach wird das Alte noch eisern beibehalten.

Nehmen Sie zum Beispiel die interessante Situation, die sich am Ende des Krieges ergab, als amerikanische Universitäten eine Kommission zusammenstellten, die sich aus Psychiatern und Psychologen, Ethnologen, Soziologen und Historikern und so weiter zusammensetzte, denn man wollte eine in diesem Ausmaß nie dagewesene Situation der Durchdringung einer Kultur durch Hunderttausende von Angehörigen einer anderen Kultur in allen ihren Einzelheiten und Aspekten untersuchen. Ich spreche natürlich von der Tatsache, dass in England, auf den Britischen Inseln, vor, während und nach der Landung in Europa Hunderttausende von amerikanischen Soldaten stationiert waren. Und man versuchte nun festzustellen, zu welchen Formen von Integration dieser beiden Kulturen, der englischen und der nordamerikanischen, es gekommen sei. Unter anderem untersuchte man auch das Paarungsverhalten der amerikanischen Soldaten mit den englischen Mädchen, und man stellte fest, dass in beiden Kulturen das Paarungsverhalten durch ungefähr dreißig konkrete Schritte läuft, die natürlich uns, als Angehörige einer bestimmten Kultur, vollkommen unbekannt sind. In beiden Kulturen gab es also diese dreißig Schritte, aber die Abfolge dieser dreißig Schritte in den beiden Kulturen war verschieden. Man stolperte nämlich über die Tatsache, dass die englischen Mädchen von den amerikanischen Soldaten sagten, dass diese sehr direkt, sehr undelikat und so weiter seien. Das war natürlich keine große Überraschung, denn es handelte sich ja schließlich um Soldaten. Merkwürdigerweise hatten aber die amerikanischen Soldaten denselben Eindruck von den englischen Mädchen. Sie seien taktlos, leicht zu verführen, dächten nur an das Sexuelle, und so weiter.

Man ging der Sache nach und fand, dass in den beiden Prozessen des Paarungsverhaltens der Kuss eine unterschiedliche Position einnimmt. Das heißt, im amerikanischen Paarungsverhalten ist der Kuss eine relativ harmlose Sache und kommt daher, sagen wir, auf Stufe Nummer 5. Während im englischen Paarungsverhalten der Kuss bereits eine sehr erotische Sache ist und daher spät, sagen wir auf Stufe 25, kommt. Wenn nun der amerikanische Soldat glaubte – aufgrund seiner natürlich unbewussten kulturellen Regeln –, dass der Moment gekommen sei, seine neue Freundin zu küssen, so befand sich diese in einer Situation, die keineswegs in diese Frühphase der Freundschaft passte. Und sie musste sich nun entscheiden, ob sie die Beziehung abbrechen und entfliehen sollte, oder aber, da es ja von 25 bis 30 nur noch fünf Stufen sind, sich praktisch auszuziehen beginnen sollte. In diesem Falle entstand ein Verhalten, das für die Amerikaner keineswegs in diese Frühphase der Beziehung passte und daher nur als schamlos zu bezeichnen war.

Sehen Sie: Wollte man den Fehler begehen, den man in meinem Fach auch heute noch begeht, das heißt, monadisch zu denken und die Interaktion nicht in Betracht zu ziehen, dann käme man ziemlich leicht zu einer Diagnose, was das Mädchen betrifft: Wenn sie davonläuft, ist sie eine Hysterikerin, und wenn sie sich auszuziehen beginnt, ist sie eine Nymphomanin, oder so ungefähr. Wir müssen lernen, systemisch zu denken. Die Beziehung ist der Patient, und nicht der Soldat oder das Mädchen.

Ein ähnliches Beispiel aus dem Reitclub von São Paulo in Brasilien, vermutlich eine sehr elegante Sache. Da musste das Geländer der Terrasse erhöht werden, da es schon mehrfach vorgekommen war, dass jemand rücklings über dieses zu niedrige Geländer hinunterstürzte und sich schwer verletzte. Ein Anthropologe ging der Sache nach und kam zu der wohlbekannten Erkenntnis, dass es in jeder Kultur eine bestimmte richtige Entfernung gibt, die man dann einnimmt, wenn man stehend mit einer anderen Person ins Gespräch kommt. In Westeuropa und Nordamerika ist es die sprichwörtliche Armeslänge. In den Mittelmeerländern und vor allem in den südamerikanischen Staaten dagegen ist diese Distanz wesentlich kürzer.

Nun stellen Sie sich bitte vor, dass ein Amerikaner, ein Nordamerikaner und ein Brasilianer ins Gespräch kamen.

Der Nordamerikaner nahm die richtige Distanz ein, der Südamerikaner fühlte sich viel zu weit weg und rückte auf, um die richtige Distanz herzustellen. Der Nordamerikaner fühlte sich zu nahe und rückte zurück, um die richtige Distanz herzustellen, bis es dann so weit war, dass er über das Geländer hinunterfiel. Sehen Sie, in klassischer Weise, in klassischer Sicht würde man diesen Mann, diesen Verunglückten, zu analysieren versuchen und käme vermutlich zu der Annahme, dass in ihm ein Todestrieb schuld war, dass er da hinunterfiel.

Ein noch schöneres Beispiel: Gegen Ende Mai 1989 war ich in Italien und las dort im toskanischen Teil der *La Nazione* einen Bericht über einen interessanten Zwischenfall, der sich in der Stadt Grosseto ereignet hatte. Eine aus Neapel nach Grosseto gekommene Frau musste in einem Zustand akuter schizophrener Erregung in das dortige Krankenhaus eingeliefert werden. Da dieses Spital aber nicht die Möglichkeiten einer adäquaten psychiatrischen Behandlung hatte, entschloss man sich, die Frau nach Neapel zurückzuschicken in eine psychiatrische Klinik. Als die Leute von dem Krankenwagen kamen und fragten: »Wo ist die Signora Soundso«, da sagte man ihnen: »Sie ist da drin.«

Sie gingen hinein, und da saß die Kranke, die Patientin, voll angezogen auf dem Bett, ihre Handtasche bereit, und sie sagten: »Also Signora, bitte kommen Sie jetzt mit, wir bringen Sie jetzt nach Neapel«, und da wurde sie plötzlich wieder ganz, ganz psychotisch. Sie begann zu schreien, sich zu wehren und vor allem: Sie begann zu depersonalisieren, und das ist ja bekanntlich eines der Hauptsymptome der akuten Schizophrenie. Sie musste also mit einer Beruhigungsspritze versehen werden, hinuntergetragen werden, und auf ging es nach Neapel. Auf der Höhe von Rom wird dieser Krankenwagen von der Polizei angehalten und nach Grosseto zurückgeschickt. Warum? Es war ein Irrtum geschehen. Die Dame in dem Krankenwagen war nicht die Patientin aus Neapel, sondern eine Einwohnerin von Grosseto, die an jenem Morgen in dieses Spital gekommen war, um einem Verwandten einen Besuch abzustatten, der operiert worden war.

Sehen Sie, was für mich sehr interessant ist, ist nicht die Tatsache, dass sich hier ein Irrtum ergeben hat. Das kann überall passieren. Aber dass der Irrtum eine Wirklichkeit geschaffen hat, in der jedes Verhalten dieser Frau – selbst das angepassteste, natürlichste, logischste Verhalten dieser Frau – weiterer Beweis für ihre Verrücktheit war. Sie begann sich zu wehren, sie begann zu schreien, und sie begann zu behaupten, jemand anders zu sein ... Na bitte, was braucht man noch? Das ist eben für mich so interessant, dass wir uns in der systemischen Sicht für diese Neubildungen zu interessieren beginnen und die Eigenschaft des wahren Patienten festzustellen versuchen – wie ich schon sagte, die Eigenschaft der Beziehung, des Beziehungsmusters. Und da gibt es natürlich unzählige Beispiele. Ein sehr häufig vorkommendes ist die Art und Weise, wie die menschliche Umwelt auf das Verhalten eines depressiven Patienten reagiert. Mit der besten Absicht, aus Herzensgüte heraus, nicht aus Dummheit, nicht aus Böswilligkeit, nein, in der besten Absicht wird meist versucht, den oder die Betreffenden zu ermuntern.

»Komm, reiß dich ein bisschen zusammen. Du wirst schon sehen. Es ist nicht so schlimm. Morgen scheint bestimmt wieder die Sonne, du wirst schon sehen, es geht, es geht, probiere es nur.« Wenn Sie jemals auch nur leicht deprimiert waren, dürften Sie wissen, welchen Erfolg, welche Wirkung das hat. Man geht tiefer und länger in die

Depression. Wenn nämlich für *jeden* die Welt schön ist und erfreulich und nur für *mich* nicht, dann muss doch wahrhaft etwas mit mir nicht stimmen. Und das ist ein für mich wesentlicher Faktor der Depression, die natürlich vor allem eine neurophysiologische Grundlage hat, das sei keineswegs geleugnet. Aber die Art und Weise, wie die Umwelt mit dem Kranken interagiert, bringt zusätzliche Schwierigkeiten oder enthält zusätzliches therapeutisches Potenzial. Wenn man nämlich eben die versuchte Lösung, wie wir das nennen, ändern kann, dann kann man auch einen Teil der Schwierigkeit des Patienten auf diese Weise ändern.

Als ob

Eine andere Möglichkeit der Intervention besteht darin, dass man Leute dazu irgendwie motiviert – und das kann natürlich unter Umständen sehr schwierig sein –, sich zu verhalten, als ob etwas der Fall wäre, was keinesfalls der Fall sein muss, aber auf diese Weise hergestellt werden kann, konstruiert werden kann. Ein einfaches Beispiel: der Firmenchef, der sich darüber beschwert, dass seine Untergebenen unhöflich, aggressiv, kalt und so weiter sind. Schon, wie der Mann in mein Büro eintritt, habe ich das unangenehme Gefühl: »Hm, der scheint ein ziemlich kritischer Mann zu sein.« Und er beschreibt, wie seine Untergebenen sich ihm gegenüber verhalten und welche Haltung er natürlich diesem Verhalten gegenüber einnimmt. Er legt sich aber nicht darüber Rechenschaft ab, dass das ein Teufelskreis ist, dass sein Verhalten seinerseits dieses Verhalten in den Untergebenen hervorruft. Wir haben hier einen typischen Teufelskreis, einen nicht zu durchbrechenden Teufelskreis von Verhalten, die beide Ursache und Wirkungen sind und eben im Kreis laufen. Sehen Sie, und da besteht nun die Möglichkeit – nicht nur im klinischen Bereich, sondern auch in jedem anderen menschlichen Bereich – etwas zu erreichen, indem man den Betreffenden dazu bringt, sich so zu verhalten, *als ob* etwas anderes der Fall wäre. Im Falle dieses Chefs zum Beispiel: »Bitte, wenn dies das nächste Mal passiert, dann verhalten Sie sich – das ist ein reines Experiment, ich behaupte nicht, das sei wirklich so, aber bitte als Experiment – verhalten Sie sich bitte so, *als ob* Ihr Untergebener Angst hätte und Ihrer Hilfe bedürfe. Ich sage nicht, dass es so ist. Ich will nur, dass Sie das als Experiment so tun.« Sehen Sie, im Augenblick, wo der Chef sich etwas freundlicher zu benehmen beginnt, ändert sich natürlich auch sofort die Haltung der anderen, und die Dinge beginnen, in eine positive Richtung zu gehen. Aber ich will keineswegs den Eindruck erwecken, dass es leicht sei, so jemanden dazu zu bringen, sich zu verhalten, als ob das der Fall wäre.

Noch ein anderer Fall: Eine Dame kommt zu mir. Sie ist Sekretärin von drei Ärzten, mit zwei von diesen Ärzten kommt sie wunderbar aus. »Wir sind hoch zufrieden mit ihrer Arbeit.« Sie ist eine intelligente, elegante Person. Beide schätzen sie sehr. Nur der dritte, den ich natürlich nie getroffen und gesehen habe, der ihrer Beschreibung nach ganz offensichtlich vor ihr Angst haben muss, sich irgendwie inferior fühlt ihr gegenüber, oder was weiß ich, der benimmt sich sehr, sehr unfreundlich und möchte sogar, dass sie hinausgeworfen werde.

Sie kommt also und fragt, was sie tun kann. Was sie vor allem ärgerte, war, dass dieser Chef sie meist in Anwesenheit von Drittpersonen heruntermachte. Das war für sie ganz besonders Ärger erregend. Und ich fragte sie: »Wann, glauben Sie denn, passiert das wieder?« – »Ha! Das passiert morgen Vormittag. Das passiert ununterbrochen, es passiert immer wieder.« Die Einführung einer Verhaltensverschreibung ist natürlich nicht einfach, weil die ja der Wirklichkeitskonstruktion dieser Person widerspricht, und ich sagte, Erickson folgend: »Wissen Sie, da gäbe es schon eine Lösung. Aber ich bin sicher, dass sie Ihnen unannehmbar ist.«

Das hat immer den Erfolg, dass der oder die Betreffende sagt »Nein, jetzt sagen Sie mir, was ist das.« – »Nein, nein, nein, Sie werden es mir übelnehmen. Es hat keinen Sinn.« – »Nein, ich möchte wissen, was das ist.« – »Na ja, gut: Morgen Vormittag, wenn das wieder passiert mit dieser Drittperson, dann warten Sie, bis diese dritte Person aus dem Zimmer ist, und wenden sich dann an diesen Chef, und sagen Sie zu ihm: ›Wissen Sie, Doktor Soundso, da ist etwas, was ich Ihnen schon längst sagen wollte.‹ Aber Sie müssen das in sehr nervöser und verschämter Weise tun. ›Etwas, was ich Ihnen schon längst sagen wollte. Aber wenn Sie mich so behandeln, wie Sie mich eben behandelten in Anwesenheit dieses anderen Herrn, dann erregt mich das. Ich weiß nicht, warum. Aber es muss irgendetwas mit meinem Vater zu tun haben.‹« Und dann solle sie aus dem Zimmer hinausstürmen, bevor der irgendwas antworten kann.

Sie war entsetzt: »Was?« Aber langsam, im Lauf der Sitzung, hat sie sich für diese Möglichkeit zu erwärmen begonnen, und am Ende wartete sie sogar darauf, das anwenden zu können. Sie kommt zur zweiten Sitzung zurück und sagt, es habe sich leider keine Chance ergeben, das anzuwenden, denn vom Morgen nach der ersten Sitzung an hatte sich das Verhalten dieses Chefs ganz wesentlich geändert. Er war viel netter geworden. Ich kann nur vermuten, dass sie im Bewusstsein »Jetzt kriege ich den Kerl! Jetzt! Jetzt werde ich ihm das beibringen« sich selbst anders verhalten hat, wodurch sich der Betreffende wieder weniger ängstlich fühlte, was nun ihrerseits wiederum angenehm war. Und auf diese Weise kam es nie zur Anwendung dieser Technik, aber dennoch zu einer Änderung.

Was für mich da in diesem Sinne auch ausschlaggebend war, war nicht nur Erickson, sondern es war dieses Buch von Hans Vaihinger, *Die Philosophie des Als Ob*. Es war ein Buch, das dieser Kant-Forscher im Jahre 1911 veröffentlicht hatte und das die Wirkung einer wissenschaftlichen Bombe gehabt haben muss. In diesem Buch insistiert Vaihinger darauf, dass wir in allen Aspekten unseres Lebens – privat, familiär, beruflich, wissenschaftlich oder was immer – mit Als-ob-Suppositionen arbeiten, die aber ihrerseits, obwohl sie nur Als-ob-Konstruktionen sind, eine sehr konkrete Wirksamkeit haben können. Eines seiner Beispiele ist: »Es gibt, es hat nie gegeben, und es wird nie geben eine menschliche Gesellschaft, die nicht an die Willensfreiheit des Menschen denkt.« Die Willensfreiheit des Menschen ist eine völlig unbewiesene und unbeweisbare Annahme. Aber es gibt keine menschliche Gesellschaft, keinen Stamm, keine Nation, oder was immer, die sich nicht auf dieser Annahme aufbaut.

Sie sehen also, es ist unbeweisbar, und die praktischen Wirkungen sind dennoch absolut klar beweisbar. Sie können sich leicht vorstellen, dass eine Gesellschaft, die nicht von der Willensfreiheit des Einzelnen überzeugt wäre, eine äußerst chaotische wäre. In der Hinsicht ist Vaihinger also sehr wohl auch ein Vorläufer dieser ericksonschen Techniken.

Er hatte einen enormen Einfluss auf Alfred Adler, aber auch auf Sigmund Freud. Und ich kann Ihnen nur zuraten, dieses Buch zu lesen, denn an einer Stelle sagt er – und das ist die vielleicht schockierendste Sache im ganzen Buch –, dass immer nur Als-ob-Annahmen wirklich sein können. Das heißt, die Lösung ist immer der beste Fehler.

Unbeantwortbare Fragen, Paradoxien, Umdeutungen

Dann möchte ich kurz davon sprechen, dass sich in menschlichen Beziehungen sehr oft Schwierigkeiten durch das Stellen unbeantwortbarer Fragen ergeben. Nehmen wir zum Beispiel die Frage »Kann ich dir vertrauen?« Stellen Sie sich vor, die Antwort wird zweifellos »Ja« sein – sie ist »Ja«, wenn der andere wirklich vertrauenswürdig ist und sie ist »Ja«, wenn der andere mich betrügen will. Also auf jeden Fall ist die Antwort »Ja« und bedeutet eher nichts.

Dann, kurz zu erwähnen, die Paradoxien, die die Bateson-Gruppe als erste eingehend studierte. Natürlich sind die Paradoxien seit längster Zeit schon bekannt. Schon die antiken Philosophen sprachen davon. Lassen Sie mich ein Beispiel geben, das nicht ganz in die Antike zurückgeht, aber das im, glaube ich, 15. Jahrhundert eine Krise in der christlichen Theologie auslöste, würde ich sagen. Es ist eine Geschichte, wonach in einer der damals scheinbar noch recht häufigen

Konversationen zwischen Gott und dem Teufel der Teufel Gott bewies, dass Gott nicht allmächtig ist. Wie hat er das getan? Sehr einfach. Er forderte Gott auf, einen Felsen zu schaffen, der so immens groß ist, dass Gott selbst ihn nicht aufheben kann. Sehen Sie: Kann Gott den Felsen so groß schaffen, dass er ihn selbst nicht aufheben kann, dann ist er aus diesem Grunde nicht allmächtig, weil er ihn nicht aufheben kann. Kann er ihn aufheben, dann ist er nicht allmächtig, weil er ihn nicht groß genug schaffen konnte. Also Sie sehen, es gibt nur zwei Möglichkeiten, und beide sind negativ.

Etwas weniger theologisch, aber genauso offensichtlich ist diese Geschichte, die ich einem Buch eines bekannten Autors namens Dan Greenburg entnommen habe. Das Buch nennt sich *How to be a jewish mother*. Er weist darauf hin, dass man, um eine jüdische Mutter zu sein, weder jüdisch noch Mutter sein muss. Auch ein italienischer Friseur oder eine irische Kellnerin kann eine jüdische Mutter in seinem Sinne sein. Und einen der Ratschläge, den er der jüdischen Mutter gibt, ist: »Geben Sie Ihrem Sohn aus Anlass seines Geburtstages zwei Krawatten. Das erste Mal, wenn er sich eine anlegt, schauen Sie ihn traurig an und sagen Sie: ›Die andere gefällt dir nicht?‹« Sehen Sie, es ist eine Situation, in der es wiederum nur zwei Möglichkeiten gibt: Entweder, er tut A, dann hätte er B tun sollen, oder er tut B, dann hätte er A tun sollen. Er ist also schlimm, »bad«. Oder aber er versucht, sich dieser Falle dadurch zu entziehen, dass er sich die beiden Krawatten zugleich anlegt. In dem Fall ist er »mad«, ist er verrückt. Wer geht schon mit zwei Krawatten spazieren?

»Similia similibus curantur«: Ich möchte ein Beispiel erwähnen, das aufzeigt, wie die paradoxen Kommunikationen auch positiv therapeutisch anwendbar sind. Es ist ein Fall,

den Richard Bandler und John Grinder in einem ihrer frühen, ich betone *frühen*, Bücher erwähnten. Eine junge Frau von etwa 18 Jahren möchte an einer Gruppentherapie teilnehmen, und man fragt sie natürlich: »Was ist Ihr Problem? Weshalb kommen Sie zu uns?« Und sie sagt, sie habe einen unüberwindlichen Zwang, jeder an sie gestellten Aufforderung nachzukommen, jeden Wunsch zu erfüllen. Und das macht sie natürlich zum Opfer von Ausbeutung, die vom Finanziellen bis zum Sexuellen geht, und davon möchte sie sich befreien.

Sie hat all die Einsicht, die ein auf Einsicht basierender therapeutischer Eingriff nur erwarten oder hoffen würde. Sie weiß genau, wie, wann, warum und so weiter, dies in ihr Leben eingetreten ist. Sie war sechs oder sieben Jahre alt. Eines Nachmittags war sie zu Hause allein mit dem Vater, der krank im Bett lag und der ihr auftrug, das Haus nicht zu verlassen.

Sie gehorchte nicht, ging spielen, und als sie nach einer oder zwei Stunden zurückkam, fand sie zu ihrem Schaudern den Vater tot im Bett. Und seither hat sie diese fürchterliche Angst vor den entsetzlichen Wirkungen jeder Nichtbefolgung einer Aufforderung oder eines Wunsches oder eines Befehls oder was immer. Der Therapeut hat eine geniale Idee und sagt zu der Frau »Gut. Jetzt gehen Sie bitte hier herum im Zimmer und leugnen Sie, lehnen Sie ab. Irgendetwas an jeden der Anwesenden. Wenn nötig, ein Rollenspiel. Aber sagen Sie ›Nein‹.« Und sie wird fürchterlich nervös und beginnt nahezu zu schreien. »Das kann ich nicht, nein, das kann ich nicht. Das ist ja genau das, was ich lösen möchte hier!«, und legt sich erst noch ungefähr 15 Sekunden darüber Rechenschaft ab, dass sie genau das tut, was sie behauptet, nicht tun zu können, nämlich zu verneinen.

Darin liegt die Eleganz dieser therapeutischen, paradoxen Kommunikation. Genau wie die pathogene Doppelbindung schafft sie eine Situation, in der es nur zwei Möglichkeiten gibt. Aber in diesem Falle sind beide Möglichkeiten konstruktiv, therapeutisch. Entweder sie hätte, dem Auftrag oder der Anweisung des Therapeuten folgend, herumgehen und jedem etwas leugnen können und hätte dann feststellen können, dass das nicht so schwierig ist, dass die nicht tot umfallen und dergleichen mehr. Oder aber sie konnte tun, was sie eben tat, nämlich den Wunsch des Therapeuten ablehnen. Es hätte noch eine dritte Möglichkeit gegeben, könnte ich mir vorstellen, sie hätte nämlich weglaufen können. Aber auch in diesem Falle wäre das bereits ein Schritt auf eine Lösung hin. Denn sie hätte zum ersten Mal begriffen, dass sie sich ja körperlich diesen Fallen entziehen kann. Gut.

Nun noch rasch einige Hinweise auf Kommunikationsprobleme und -potenziale. Die Kommunikation erzeugt also auf mannigfachste Weise Wirklichkeiten – auch manchmal in einer Weise, die den Betreffenden gar nicht klar ist. Ein Beispiel: A schreibt B einen Brief, in dem er B zu einer gemeinsamen Sache auffordert. B ist vollkommen einverstanden, ist begeistert, schreibt sofort an A zurück – Sie sehen, das war ungefähr vor 20 Jahren, als es noch kein Fax und keine E-Mail usw. gab – er schreibt also zurück. Aber Bs Brief an A geht verloren, kommt nie an. Und nun sitzen beide da und ärgern sich über das Schweigen des anderen. Denn es ist durchaus möglich, dass beide glauben: »Also bitte, wenn der nicht den Anstand hat, mir zu antworten, dann will ich auch nicht anrufen bei ihm. Dann ignoriere ich das Ganze.« So werden Wirklichkeiten konstruiert.

Oder dieses schöne Beispiel des Zustandes in der christlichen Welt beim Heraufkommen des Jahres 1000. Wir werden zweifellos ähnlichen Wahnsinn jetzt auch im Heraufkommen des Jahres 2000 erleben.

Man nahm an, dass beim zwölften Glockenschlag der Nacht des 31. Dezember 999 die Welt untergehen werde. Und es gibt sehr interessante historische Berichte darüber, wie Menschen versucht haben, mit dieser Sache fertigzuwerden. Man entließ die Sträflinge aus den Gefängnissen, man ließ die Kühe und die Tiere frei in die Weiden hinaus. Man insistierte nicht mehr auf der Zahlung der Schulden seitens der Schuldner. Auf diese Weise versuchte man, sich auf das Jüngste Gericht vorzubereiten. Als nach dem zwölften Glockenschlag der Nacht des 31. Dezember 999 die Welt nicht untergegangen war, da wurden die Gefangenen, die Sträflinge, wieder gefangen, die Tiere wieder in die Ställe gebracht, man insistierte auf Zahlung der Schulden ... Ich erwähne das nur deswegen, weil diese Nacht in den arabischen Ländern, die den christlichen Kalender nicht hatten, eine ganz gewöhnliche Nacht wie jede andere war – dass lediglich die Annahme, dies sei die letzte Nacht des ersten Jahrtausends, zu diesen ganzen Verrücktheiten führte. Also Sie sehen, wie Annahmen Wirklichkeiten, ganz konkrete Wirklichkeiten konstruieren können. Das kann man so verwenden, dass man, wie Erickson, Situationen umdeutet – das heißt, einer gegebenen Situation, so wie sie die Betreffenden sehen, eine andere Deutung gibt.

Da gibt es dieses schöne Beispiel in Mark Twains Buch *Tom Sawyer*. Tom, ein Zwölfjähriger, hat irgendetwas angestellt und wird nun also bestraft. Er muss an einem Samstagnachmittag einen Zaun streichen. Und er hat schon die größte Angst, denn er weiß, dass seine Freunde vorbeikommen und ihn verspotten werden, weil er diese Strafarbeit nun durchführen muss. In der Ferne sieht er schon den einen Jungen daherkommen, dessen Spott er am meisten fürchtet. Und da kommt ihm, wie Mark Twain das beschreibt, eine herrliche Eingebung. Und er steht also dort und pinselt. Der andere Junge kommt, bleibt hinter ihm stehen – Tom Sawyer scheint ihn nicht bemerkt zu haben – und sagt schließlich zu Tom: »Tom, du arbeitest. Würdest du nicht lieber schwimmen kommen mit uns?« Und Tom pinselt weiter, dreht sich dann um und sagt »Arbeiten? Was meinst du damit?« – »Na, erlaube mal. Ist denn das nicht Arbeiten, was du hier tust? Den Zaun streichen?« Und Tom antwortet: »Hat ein Junge alltäglich die Chance, einen Zaun streichen zu können?« Er hat also die Strafe in ein Privileg umgedeutet. Und nun, nach einer Minute, sagte der andere Junge: »Du, Tom, lass mich doch bitte mal ein bisschen streichen.« Und am Ende des Nachmittags hat der Zaun drei Lagen Tünche, und Tom schwimmt in Reichtümern, denn jeder Junge, der vorbeigekommen ist, hat für das Privileg gezahlt, einen Teil des Zauns streichen zu dürfen. Das ist ein sehr schönes, ein klassisches Beispiel der Umdeutungen.

Eine andere Umdeutung, für deren Erfolg ich nicht garantieren kann, wäre: Ein Mann wird von einem Banditen in einer dunklen, engen Straße spät nachts mit der Pistole angehalten und zur Herausgabe seiner Brieftasche aufgefordert. Eine typische Situation. Es gibt nur zwei Möglichkeiten: Entweder, er gibt die Brieftasche her und verliert die 120 Mark, die darin enthalten sind, oder aber er weigert sich und verliert dann die 120 Mark plus sein Leben. Scheinbar gibt es keine andere Möglichkeit. Doch er kann die Lage umdeuten, indem er zu dem Mann sagt: »Hören Sie mal! So jemanden wie Sie suche ich seit Langem. Ich brauche jemanden, der den Liebhaber meiner Frau liquidiert. Wenn

Sie einverstanden sind, kommen Sie morgen um 11 Uhr in mein Büro. Wir können die Sache besprechen. Meine Brieftasche enthält 120 Mark. Ich bin bereit, Ihnen 12000 Mark zu zahlen.« Wie gesagt, ich garantiere nicht, dass das funktioniert. Aber es ist rein theoretisch eine Umdeutung.

Selbsterfüllende Prophezeiungen

Nur noch ein letztes Beispiel: Umdeutungen, wenn Sie es so nennen wollen, sind auch die selbst erfüllenden Prophezeiungen. Eine selbst erfüllende Prophezeiung ist das Resultat einer felsenfesten Annahme, dass etwas unmittelbar bevorsteht, gegen das ich mich in einer ganz bestimmten Weise entweder zur Wehr setzen muss oder mir die Sache zugutekommen lassen muss. Da gab es – vielleicht gibt es das noch – in Los Angeles jeden Sonntagabend eine humoristische Fernsehsendung, in der der betreffende Leiter der Sendung eines Abends ganz ernsthaft erwähnt, es stünde eine unmittelbare Knappheit an Toilettenpapier bevor. Und man konnte feststellen, dass sich am nächsten Morgen, am Montagmorgen, Tausende von Menschen in die Läden stürzten und riesige Kartons mit Toilettenpapier kauften und auf diese Weise genau die Situation herbeiführten, die er witzhalber angekündigt hatte. Wer von Ihnen an der Börse spielt, weiß genau dasselbe. Ein Gerücht über den bevorstehenden Wertzuwachs einer Aktie, das keinerlei konkrete Grundlage zu haben braucht, wird dazu führen, dass viele Menschen diese Aktien kaufen. Aufgrund dessen erhöht sich der Preis der Aktie, und die Prophezeiung erfüllt sich. Also die Prophezeiung des Ereignisses wird zum Ereignis der Prophezeiung.

Dieselbe Möglichkeit einer solchen Änderung der Wirklichkeit besteht auch im positiven Sinne. Gordon Allport, ein amerikanischer Psychologe, berichtet, leider ohne nähere Angaben, in einem seiner Artikel, in einem ausgerechnet österreichischen Landeskrankenhaus liegt ein schwerkranker Mann im Sterben. Die behandelnden Ärzte haben ihm wahrheitsgemäß mitgeteilt, dass sie seine Krankheit nicht diagnostizieren können, aber wahrscheinlich helfen könnten, wenn sie die Diagnose wüssten. Sie haben ihm ferner gesagt, dass ein berühmter Diagnostiker das Spital in den nächsten Tagen besuchen und vielleicht im Stande sein wird, die Krankheit zu erkennen. Ein paar Tage später kommt der Spezialist wirklich an und macht seine Runde. Am Bett des Kranken angekommen wirft er nur einen flüchtigen Blick auf ihn, murmelt »Moribundus« und geht weiter. In jener Zeit sprachen die Ärzte bei uns noch Latein, damit die Patienten nicht verstanden. Einige Jahre später suchte der Mann den Spezialisten auf und sagte ihm: »Ich wollte Ihnen schon längst für Ihre Diagnose danken. Die Ärzte sagten mir, dass ich Aussicht hätte, mit dem Leben davonzukommen, wenn Sie meine Krankheit diagnostizieren könnten. Und im Augenblick, da Sie ›Moribundus‹ sagten, wusste ich, dass ich es schaffen werde.«

Das Fazit dieser ganzen Beispiele: Die Wirklichkeit wird durch Kommunikation konstruiert. Und das allein ist schon für viele Menschen unannehmbar. Es ist für viele Menschen eine völlig häretische Sache, eine Leugnung aller objektiver Werte und dergleichen mehr. Und die vielleicht skandalöseste Behauptung des radikalen Konstruktivismus ist die, dass wir von der wirklichen Wirklichkeit nur wissen können, was sie nicht ist. Denn nur im Zusammenbrechen unserer Wirklichkeitskonstruktionen begreifen wir, dass die Wirklichkeit so nicht ist.

Das hat mein Kollege Ernst von Glasersfeld, einer der Hauptvertreter des radikalen Konstruktivismus, so dargestellt. Ich habe mir dazu eine Analogie vorgestellt, und die besteht darin: Ein Kapitän muss in einer finsteren, stürmischen Nacht eine Meerenge durchqueren, für die er keine Seekarten besitzt, die er nicht kennt und die keine Leuchtfeuer und ähnliche Navigationshilfen hat. Sie werden zugeben, dass unter diesen Umständen nur zwei Möglichkeiten existieren. Entweder, er durchfährt die Meeresenge und erreicht auf der anderen Seite wiederum das sichere, offene Meer. In diesem Fall weiß er nur, dass seine Annahme über die Form dieser Meeresenge stimmte. Oder aber die zweite Möglichkeit: Er läuft auf einer Klippe auf, verliert sein Schiff und das Leben und weiß im letzten Augenblick dann nur, dass seine Annahme über die Wirklichkeit der Meeresenge nicht stimmte. Das ist alles.

Meine Damen und Herren, wir haben in unserer Arbeit immer wieder mit Menschen zu tun, deren Wirklichkeit zusammengebrochen ist. Darwin sprach schon davon, als er vom Überleben der Gattungen sprach und nachwies, dass die Gattungen, die sich nicht an die dauernd sich verändernden Umweltbedingungen anpassen können, zum Aussterben verurteilt sind. Dasselbe gilt auch für uns Menschen.

Wir haben eine Idee der Wirklichkeit und sind einfach unfähig, diese Idee aufzugeben.

Und je mehr Zeit vergeht, desto schmerzvoller wird natürlich diese Situation – genauso, wie sie für die Gattung wird, die sich weniger und weniger der Wirklichkeit, den wirklichen Umweltbedingungen anpasst. Und da bleiben wir bei dem schon erwähnten Hans Vaihinger, dessen Buch *Die Philosophie des Als Ob* in dem Satz gipfelt: »Die Wahrheit ist nur der zweckmäßigste Irrtum.«

Danke!

Literatur

Greenburg, D. (1983): How to be a Jewish mother. Los Angeles (Price, Stern, Sloan), 10th ed.

Jaspers, K. (1991): Von der Wahrheit. München (Piper), 4. Aufl.

Piaget, J. (1998): Der Aufbau der Wirklichkeit beim Kinde. Stuttgart (Klett-Cotta), 2. Aufl.

Rapoport, A. (1967): Fight, games and debates. Ann Arbor (Univ. of Michigan Pr.), 3rd ed. [dt. (1976): Kämpfe, Spiele und Debatten: drei Konfliktmodelle. Darmstadt (Verl. Darmstädter Blätter).]

Rossi, E. L. (Hrsg.) (2015): Gesammelte Schriften von Milton H. Erickson. Heidelberg (Carl-Auer), 2. Aufl. 2018.

Ruesch, J. u. G. Bateson (1995): Kommunikation. Die soziale Matrix der Psychiatrie. Heidelberg (Carl-Auer), 2., korr. Aufl. 2012.

Schrödinger, E. (1959): Mind and matter. Cambridge (University Press). [dt. (1989): Geist und Materie. Zürich (Diogenes).]

Spencer Brown, G. (1996): Wahrscheinlichkeit und Wissenschaft. Heidelberg (Carl-Auer), 2. Aufl. 2008.

Twain, M. (2018): Die Abenteuer des Tom Sawyer. Hamburg (Dressler), 3. Aufl.

Vaihinger, H. (2007): Die Philosophie des Als Ob. System der theoretischen, praktischen und religiösen Fiktionen der Menschheit auf Grund eines idealistischen Positivismus [POD]. Saarbrücken (VDM Verlag Dr. Müller).

Vico, G. (2020): De antiquissima Italorum sapientia. Roma (Ed. di Storia e Letteratura), 4. Aufl.

Über den Autor

© Catherina Hess/Süddeutsche Zeitung Photo

Paul Watzlawick (1921–2007) war seit 1960 Forschungsbeauftragter am Mental Research Institute in Palo Alto/Kalifornien. Ab 1967 Dozent im Fachbereich Psychiatrie an der Stanford University. Er ist Autor zahlreicher Sachbuch-Bestseller.